Karl Rahner

Von der Unbegreiflichkeit Gottes

Erfahrungen eines katholischen Theologen

Karl Rahner

Von der Unbegreiflichkeit Gottes

ERFAHRUNGEN EINES KATHOLISCHEN THEOLOGEN

Herausgegeben
von Albert Raffelt
Mit einer Einführung
von Karl Kardinal Lehmann

HERDER

FREIBURG · BASEL · WIEN

INHALT

Karl Kardinal Lehmann

Karl Rahner: Erfahrungen eines katholischen Theologen

Einführung 7

Karl Rahner SJ

Erfahrungen eines katholischen Theologen 19

I. Die Unbegreiflichkeit Gottes 23

II. Die Mitte des christlichen Glaubens . . . 33

III. Ordensexistenz und die Pluralität der Theologie heute 43

IV. Die Theologie und die übrigen Wissenschaften 49

V. Die Erwartung des Kommenden 57

Anmerkungen des Herausgebers 62

Albert Raffelt

Geschichte eines Textes

Nachwort des Herausgebers 65

Karl Kardinal Lehmann

Karl Rahner: Erfahrungen eines katholischen Theologen

EINFÜHRUNG

Es gibt Texte, die durch die Umstände ihrer Veröffentlichung einen ganz eigenen Stellenwert bekommen. Karl Rahners »Erfahrungen eines katholischen Theologen« gehören dazu[1]. Die Tatsache, dass er sich hier zum letzten Mal in dieser grundsätzlichen Weise kurz vor seinem Tod über zentrale Seiten seiner eigenen Theologie und seiner theologischen Erfahrung aussprach, hat diesem Vortrag ein ganz eigenes Gewicht gegeben.

Gewiss, eine Rede zu der Tagung zur Feier seines achtzigsten Geburtstags in Freiburg ließ von vornherein etwas Grundsätzliches erwarten: Karl Rahner bot sich die Gelegenheit, vor einem großen Publikum – es waren etwa tausend Hörer im Auditorium Maximum der Universität anwesend – ihm wesentlich erscheinende Seiten seiner Theologie darzustellen. Karl Rahner spricht dabei von »Erfahrungen« – Erfahrungen eines Theologen, nicht biografische oder zeitgeschichtlich interessante »Erlebnisse« sind damit gemeint.

Die Auswahl selbst ist von hohem Interesse. Von den vier ausgewählten Bereichen betreffen die ersten beiden die Mitte der Theologie und des christlichen Glaubens:

In der ersten »Erfahrung« spricht Rahner davon, »dass alle theologischen Aussagen, wenn auch noch einmal in verschiedenster Weise und verschiedenem Grad, analoge Aussagen sind«. Das Erschrecken des Theologen vor der Unangemessenheit seiner Sprache ist aber nichts Äußerliches, nichts Beliebiges, aus dem als Konsequenz dann folgen könnte, dass es eben nicht so genau darauf ankomme. Es ist vielmehr ein Ausfluss der »wahren Sache« des Theologen, der »erst dort wirklich einer ist, wo er nicht beruhigt meint, klar und durchsichtig zu reden, sondern die analoge Schwebe zwischen Ja und Nein über dem Abgrund der Unbegreiflichkeit Gottes erschreckt und selig zugleich erfährt und bezeugt«.[2]

Auf diese »Sache«, die Mitte des christlichen Glaubens, bezieht sich die zweite »Erfahrung«: Karl Rahner spricht hier von der »Selbstmitteilung Gottes« als dem Kern- und Herzstück des Christentums[3], das dieses von einem bloßen Humanismus oder auch einem unreflektierten Jesuanismus scheidet und dem ungeheuerlichen Anspruch des Christentums zugrunde liegt, und auf die es nur eine Antwort geben kann: »Wir können nur entweder alles, nämlich Gott selbst in seiner reinen Gottheit wollen, oder wir sind verdammt, das heißt begraben in dem Kerker unserer Endlichkeit«.

Hieraus folgert aber keine Begrenzung des allgemeinen Heilswillens Gottes, was Rahner mit dem berühmt gewordenen, aber für ihn nicht unabdingbaren Wort vom »anonymen Christen« kennzeichnete, was Karl Barth vom »Christianus designatus«[4] sprechen ließ, und wo Hans Urs von Balthasar – ein Kritiker der Vokabel des »anonymen Christen« – von wahrhaft Liebenden sprach, »denen auf eine uns verhüllte Weise der Geist der Wahrheit geschenkt worden ist«[5].

Der zentralen Stellung der »Selbstmitteilung Gottes« gegenüber meint Rahner, die Thematik von Sünde und Vergebung in seiner Theologie vielleicht ein wenig in den Hintergrund gesetzt zu haben. Bei einem Theologen, der immerhin einen umfangreichen Band der Bußgeschichte gewidmet hat[6] und in seiner Lehrtätigkeit sich mehrfach mit diesem Thema befasst hat[7], ist diese Aussage vielleicht verwunderlich, quantitativ jedenfalls unberechtigt. Sie zeigt aber umso mehr, wo für Rahner das Zentrum des Glaubens liegt, von dem her er die Einzelthemen angeht.

Die starke Betonung dessen, was Karl Rahner

als die Mitte des Christentums ansah, und der Einsatz mit den ersten beiden Erfahrungen sind in gewisser Weise naheliegend. Dass Rahner die beiden folgenden »Erfahrungen« ausgewählt hat, wirkt dagegen eher überraschend:

Das Phänomen einer Ordenstheologie – die dritte Erfahrung spricht davon – ist heute zumindest nicht mehr in der direkten Weise gegeben, wie sie zu Rahners Ausbildungszeit noch vorhanden war; das stellt er selbst fest. Man darf vermuten, dass nicht allzu viele heutige Ordenstheologen die »Erfahrung« der *spezifischen* eigenen Ordenstheologie als einen wesentlichen Teil ihrer theologischen Existenz ansehen. Karl Rahner benennt auch die Differenzen, bei denen er selbst sich schon früh von der suarezianischen jesuitischen Schultheologie zum Thomismus hinwandte. Es ist aber ebenso bemerkenswert, dass Rahner die eigene jesuitische Spiritualität von der Gründergestalt des Ignatius von Loyola her[8] gerade in ihrem *theologischen* Gehalt wieder herausgearbeitet und hier eine zentrale Inspiration für seine eigene Theologie gefunden hat. Es ist beachtenswert, dass viele Theologen der jüngeren Generation, die Rahner nicht mehr als Person erlebt haben und ihn daher eher »von außen« sehen, besonders auf die ignatianische Spiritualität Rahners hinweisen und die Zentralität dieses Einflusses in biografischer wie systematischer Hinsicht betonen. Die Ordensexistenz[9] war für Rahner Lebensform.

Auch wenn man Rahner gern vor allem als Neuerer und Veränderer der katholischen Theologie sieht, so zeigt die Hervorhebung dieses Punktes deutlich, wie sehr er in der eigenen Tradition verwurzelt war. Über die Ordenstradition hinaus ließe sich diese Linie auf das Ganze der großen christlich-kirchlichen Tradition ausziehen. Die tiefe Kirchlichkeit dieses kritischen Geistes zeigt sich deutlich an diesem Punkte. Nicht von ungefähr antwortete er einmal auf die Aufforderung, ein »theologisches Portrait« zu zeichnen, mit einem Vortrag: *Die neue Kirchlichkeit der Theologie: Statt eines Selbstportraits*[10].

Die vierte und letzte »Erfahrung« mag ebenfalls zunächst eher äußerlich klingen, »die Inkongruenz der Theologie mit den übrigen Wissenschaften«. In Wirklichkeit hängt sie natürlich eng mit der erstgenannten Erfahrung zusammen. Der eher äußerliche Pluralismus der von Einzelnen nicht mehr synthetisierbaren Methoden und Ergebnisse wird bezogen auf die Einheit der Schöpfung, auf die »geheime Essenz aller Wirklichkeit«, die der Theologe in seinem Wort zur Sprache bringen müsste. Der Hinweis auf die Notwendigkeit der Bescheidenheit in dieser Situation erinnert vielleicht ein wenig an die Äußerungen Thomas von Aquins, der am Ende seines Lebens ebenfalls die Begrenztheit dessen sah, was er geleistet hatte.

Über den Schluss der Rede möchte ich nur das wiederholen, was ich kurz nach Rahners Tod bei der Neuauflage der Freiburger Akademie-Publikation geschrieben habe: »Am Schluss brach Karl Rahner seinen Vortrag jäh ab. Er wies auf viele Erfahrungen seines Lebens hin, über die er noch sprechen könnte: ›Ein Leben ist ja reich, auch wenn es im Alter hinter dem Nebel des Vergessens verschwindet.‹ Aber es drängte ihn noch von etwas zu reden, das querliegt zu all den theologischen Reflexionen und Mahnungen. Er wollte kurz vor der Vollendung seines 80. Geburtstags von der Hoffnung des Ewigen Lebens sprechen. Die zwei Seiten [im Original S. 118/119, in diesem Band S. 59–61] gehören zu den am meisten konzentrierten und zu den dichtesten Aussagen Karl Rahners zu dieser Wahrheit des Glaubens. Der ganze Rahner ist hier versammelt: die abgründige Ehrlichkeit im Ringen mit den durchschnittlichen ›Vorstellungsschemen‹, das leidenschaftliche Infragestellen aller Verharmlosungen, der letzte Ernst theologischer Verantwortung vor der ›unsagbaren Ungeheuerlichkeit‹ von Gottes Seligkeit. Wie immer ist der Anlauf etwas mühsam. Dann kommt in einem einzigen überlangen Satz – es sind fast dreißig Zeilen – eine große Aussage, die das ganze Leben des Menschen in seinen Höhen und Tiefen vor das Geheimnis der Ewigkeit Gottes bringt, an der der Mensch teilnehmen darf. Diese Aussage ist zu einem Lebensbekenntnis nicht nur des Theologen, sondern vor allem des gläubigen Christen, Priesters und Ordensmannes Karl Rahner geworden. Der eine Satz sagt nach meinem Empfinden mehr aus über die Mitte des Glaubens als viele ›Kurzformeln‹, auch die von Karl Rahner selbst gewagten Versuche. Danach brauchte er nicht mehr viel zu sagen: ›Achtzig Jahre sind eine lange Zeit. Für jeden aber ist die Lebenszeit, die ihm zugemessen ist, der kurze Augenblick, in dem wird, was sein soll‹.«

So ist dieser Text ein Vermächtnis Rahners geworden »Dieses schenkt – wie ich ebenfalls damals schrieb – kein übliches Erbe, aber nimmt alle, die Karl Rahner verehrten und liebten, in Pflicht für mehr Glaube, Hoffnung und Liebe.«

Anmerkungen

1 Zu den bibliografischen Angaben vgl. das Nachwort des Herausgebers.

2 Hier weist Karl Rahner, was relativ selten geschieht, auf Erich Przywara hin, der besonders in der Frühzeit Karl Rahners einen wichtigen, auch später noch greifbaren Einfluss auf ihn hatte, vgl. dazu K. RAHNER: Laudatio auf Erich Przywara. In: DERS.: *Gnade als Freiheit. Kleine theologische Beiträge*. Freiburg im Breisgau 1968, S. 266–273; K. H. NEUFELD: *Die Brüder Rahner*. 2. Aufl.. Freiburg im Breisgau 2004, S. 81f., 110f. (vgl. auch Register: S. 431).

3 Vgl. dazu die zentralen Texte in: *Grundkurs des Glaubens* = K. RAHNER: *Sämtliche Werke*. Bd. 26. Freiburg im Breisgau 1999, S. 85f., 112f., 116–136, 192–195, 201–203, 419f., 428ff., 453f., 465ff., 475–479, 483f.; in knapper Konzentration vgl. auch die Lexikon-Artikel »Selbstmitteilung Gottes«, in: *Sämtliche Werke*. Bd. 17/I: *Enzyklopädische Theologie*. Freiburg im Breisgau 2002, S. 806–807 und 17/II, S. 1280–1284.

4 *Kirchliche Dogmatik*. Bd. 3/2. Zollikon-Zürich 1959, S. 927.

5 *Spiritus Creator*. Einsiedeln 1967, S. 159.

6 *Schriften zur Theologie*. Bd. 11. Zürich 1973.

7 Seine Vorlesung zur Buße wird in den *Sämtlichen Werken*, Bd. 6 erscheinen.

8 Vgl. zur ersten Kenntnisnahme K. RAHNER: Rede des Ignatius von Loyola an einen Jesuiten von heute; in: *Ignatius von Loyola*. Freiburg im Breisgau 1978, S. 10–35 (vgl. dort auch Literatur: S. 118f.) = K. RAHNER: *Schriften zur Theologie*. Bd. 15. Zürich 1983, S. 373–408. Die grundlegenden Texte Karl

Rahners zu Ignatius und seiner Spiritualität werden gesammelt erscheinen in: *Sämtliche Werke,* Bd. 13; vgl. auch Bd. 10: *Kirche in den Herausforderungen der Zeit.* Freiburg im Breisgau 2003, S. 368–420.

9 Vgl. die wichtigsten Aufsätze gleichsam für den ersten Blick in: K. RAHNER: *Wagnis des Christen. Geistliche Texte.* Freiburg im Breisgau 1974, S. 133–184, 187f.

10 *Geist und Leben* 41 (1968), S. 205–216.

Karl Rahner SJ

Erfahrungen eines katholischen Theologen

Nach so vielen Laudationes ist mir etwas bange zumute, wenn ich jetzt auch selbst noch das Wort ergreifen soll. Aber ich will es versuchen. Das Programm dieser Tagung[1] kündigt als mein Thema an: *Erfahrungen eines katholischen Theologen*. Ich meine damit weder sehr persönliche und intime Erfahrungen, die in eine eigentliche Biografie hineingehören, die nie geschrieben werden wird. Ich meine auch nicht oder nicht in erster Linie kirchliche, kirchenpolitische und klerikale Erfahrungen, die als meine mir zu unbedeutend erscheinen und darum heute nicht berichtet werden sollen. Ich meine Erfahrungen eines Theologen oder besser gesagt, eines Menschen, der beauftragt war, ein Theologe zu sein, aber nicht so recht weiß, ob er diesem Auftrag gerecht geworden ist, wobei sich der Zweifel darüber nicht einmal so sehr von einer allgemeinen menschlichen Unzulänglichkeit nährt, als vielmehr von der Überforderung, die jedem theologischen Bemühen wesentlich innewohnt, weil es von der Unbegreiflichkeit Gottes reden muss.

Wenn hier nun von »Erfahrungen« geredet werden soll, so soll dazu von vornherein festgestellt sein, dass es sich zwar um theologische Aussagen handelt, die sachlich sein wollen, aber doch in ihrer Auswahl eine Subjektivität gar nicht leugnen wollen, sondern sich freimütig zu einer solchen bekennen.

I.

Die Unbegreiflichkeit Gottes

Die erste Erfahrung, von der ich sprechen will, ist die Erfahrung, dass alle theologischen Aussagen, wenn auch noch einmal in verschiedenster Weise und verschiedenem Grad, analoge Aussagen sind. An sich ist das eine Selbstverständlichkeit für jede katholische Theologie, wird auf irgendeiner Seite jeder Theologie ausdrücklich gesagt, ist auch für einen Theologen seit Erich Przywara[2] noch selbstverständlicher geworden. Aber ich meine, dieser Satz wird faktisch doch immer wieder bei den einzelnen theologischen Aussagen vergessen, und das Erschrecken über dieses Vergessen ist die Erfahrung, von der ich reden will.

Ich fange ganz simpel an. Für ein ganz primitives schulmäßiges Verständnis des Begriffes der Analogie ist ein analoger Begriff dadurch gekennzeichnet, dass eine Aussage über eine bestimmte Wirklichkeit mit Hilfe dieses Begriffes zwar legitim und unvermeidlich ist, aber in einem gewissen Sinne immer auch gleichzeitig zurückgenommen werden muss, weil die bloße Zusage dieses Begriffes auf die gemeinte Sache hin allein und ohne gleichzeitige Rücknahme, ohne diese seltsame und unheimliche Schwebe zwischen Ja und Nein, den wirklich gemeinten Gegenstand verkennen würde und letztlich irrig wäre. Aber diese geheime und unheimliche, zur Wahrheit einer analogen Aussage notwendige Zurücknahme wird meistens nicht deutlich gemacht und vergessen. Es ist hier nicht möglich, eine eigentliche Erkenntnismetaphysik analoger Aussagen zu entwickeln und dabei der schulmäßig naiven Meinung zu wehren, ein analoger Begriff sei eine hybride Kreuzung zwischen einem normal univoken und einem äquivoken Begriff, während doch für ein wahres Verständnis der Analogie diese eine fundamentale Grundstruktur der menschlichen Erkenntnis bedeutet.

Mir kommt es hier auf die zum Wesen der Analogie gehörende und nur zu oft vergessene und sehr oft gar nicht im Einzelfall bedachte Zurücknahme der Zusage eines begrifflichen Inhaltes bei seiner Zusage an. Das Vierte Laterankonzil sagt ausdrücklich, man könne über Gott von der Welt aus, also von jedwedem denkbaren Ausgangspunkt der Erkenntnis aus, nichts an Inhaltlichkeit positiver Art sagen, ohne dabei eine radikale Unangemessenheit dieser positiven Aussage mit der gemeinten Wirklichkeit selbst anzumerken.[3] Aber im praktischen

Betrieb der Theologie vergessen wir das immer wieder. Wir reden von Gott, von seiner Existenz, von seiner Persönlichkeit, von drei Personen in Gott, von seiner Freiheit, seinem uns verpflichtenden Willen und so fort; wir müssen dies selbstverständlich, wir können nicht bloß von Gott schweigen, weil man dies nur kann, wirklich kann, wenn man zuerst geredet hat. Aber bei diesem Reden vergessen wir dann meistens, dass eine solche Zusage immer nur dann einigermaßen legitim von Gott ausgesagt werden kann, wenn wir sie gleichzeitig auch immer wieder zurücknehmen, die unheimliche Schwebe zwischen Ja und Nein als den wahren und einzigen festen Punkt unseres Erkennens aushalten und so unsere Aussagen immer auch hineinfallen lassen in die schweigende Unbegreiflichkeit Gottes selber, wenn auch unsere theoretischen Aussagen noch einmal mit uns selber zusammen unser existentielles Schicksal teilen einer liebend vertrauenden Hingabe unserer selbst an die undurchschaute Verfügung Gottes, an sein Gnadengericht, an seine heilige Unbegreiflichkeit.

Ich meine, ich hoffe, dass kein Theologe das eben Gesagte ernsthaft bestreiten wird. Aber, wie sehr ist das gleichzeitig bei uns Theologen meist nur ein einzelner, formaler Satz, der irgendwo in unserer Theologie *auch* gesagt wird. Wie wenig ist diese theologische Selbstverständlichkeit etwas, das wie eine Entelechie wirklich radikal und unerbittlich unsere gesamte Theologie in allen ihren Aussagen durchdringt, wie sehr klingen unsere Aussagen von den Kathedern und auch von den Kanzeln und aus den geheiligten Dikasterien[4] der Kirche so, dass man nicht gerade deutlich merkt, sie seien durchzittert von der letzten kreatürlichen Bescheidenheit, die weiß, wie man wirklich allein von Gott reden kann, die weiß, dass alles Reden nur der letzte Augenblick vor jenem seligen Verstummen sein kann, das auch noch die Himmel der klaren Schau Gottes von Angesicht zu Angesicht füllt.

Man kann gewiss nicht jedes Mal zu jedem theologischen Satz ausdrücklich hinzufügen, er sei bloß analog gemeint, und es sei dabei eigentlich eine größere Ungleichheit zu der ausdrücklich ausgesagten Gleichheit anzumelden. Aber man müsste eben doch in der Theologie deutlicher merken, dass man bei den einzelnen Aussagen nicht immer wieder vergessen hat, was man irgendwo allgemein und abstrakt behauptet von der Analogheit aller theologischen Begriffe.

Wenn man den gemeinten theologischen Grundsatz, dieses theologische Grundaxiom wirklich radikal realisieren würde, dann müsste dem Hörer dieser theologischen Aussagen deutlich werden, welche ungeheuren Dimensionen der göttlichen und kreatürlichen Wirklichkeit von solchen Aussagen inhaltlich nicht erfüllt, sondern stumm leer bleiben. Wir sagen zum Beispiel: Mit dem Tode kommt der Mensch in seine Endgültigkeit seiner sittlichen Verfassung, seines Verhältnisses zu Gott, kommt vor das Gericht Gottes. Das alles ist wahr, aber es sagt von der gemeinten Wirklichkeit in einer teils sehr formal abstrakten Redeweise, teils in rührend naiven Vorstellungen unendlich wenig über die Konkretheit dessen aus, was damit gemeint ist. Man sollte gewiss diese Leerräume unseres Wissens und Glaubens nicht mit den Naivitäten eines modernen Spiritismus ausfüllen, schon darum weil solche Ausfüllungen letztlich höchst uninteressant sind. Aber man sollte eben wissen, dass mit solchen Aussagen auch bekannt wird und gleichzeitig vergessen gemacht wird, dass in sehr vieler Hinsicht solche Aussagen Leerräume für uns eröffnen und zugleich verschleiern, obwohl sie erfüllt sind, und uns unbekannt bleiben.

Was heißt es zum Beispiel in der Sache selbst, dass der Menschensohn auf den Wolken des Himmels wiederkommen wird, dass er sich in den Gestalten der Eucharistie mit Fleisch und Blut uns wahrhaft gibt, dass der Papst unfehlbar ist in Kathedralentscheidungen, dass es eine ewige Hölle gibt, überhaupt dass man im Ernst mit seiner winzigen Kreatürlichkeit etwas mit der grenzenlosen, unsagbaren Wirklichkeit Gottes selber über alle unendlichen Distanzen hinweg zu tun haben könne?

In der Theologie sagt man vieles, und dann hört man auf und meint gegen seine eigenen Grundüberzeugungen, dass man jetzt wirklich am Ende sei und aufhören könne, dass die paar Aussagen, die man gemacht hat, die allen metaphysischen und existentiell radikalen Durst stillenden Aussagen seien und nicht (wie es in Wahrheit ist) die Aufforderung, zu merken, dass man mit all diesen Aussagen letztlich nur in jene antwortlose Aporie geraten solle, die nach Paulus (2 Korinther 4,8[5]) die Existenz des Menschen ausmacht. Ich möchte hier und kann hier nicht über die Unbegreiflichkeit Gottes und damit die wahre Sache der Theologie ausführlicher reden, ich möchte nur die Erfahrung bezeugen, dass der Theologe erst dort wirklich einer ist, wo er nicht beruhigt meint, klar und durchsichtig zu reden, sondern die analoge Schwebe zwischen Ja und Nein über dem Abgrund der Unbegreiflichkeit Gottes erschreckt und selig zugleich erfährt und bezeugt. Und ich möchte nur bekennen, dass ich als einzelner armer Theologe bei all meiner Theologie zu wenig an diese Analogheit aller meiner Aussagen denke. Wir halten uns zu sehr in der *Rede* über die Sache auf und vergessen bei all dieser Rede im Grunde die beredete Sache selber.

II.

Die Mitte des christlichen Glaubens

Eine zweite Erfahrung, die sich aus der eben genannten von selbst ergibt, ist die Erfahrung, dass wir in unserer Theologie faktisch oft oder fast immer die eigentliche Mitte dessen vergessen, worüber wir eigentlich zu reden haben. Seit dem Zweiten Vatikanischen Konzil wird zwar viel über die Hierarchie der Wahrheiten[6] der christlichen Botschaft geredet, und faule und kurzsichtige Theologen werden, wenn sie bei einer Einzelfrage in ihrer Theologie in Schwierigkeiten geraten, gerne zur Ausflucht greifen, es komme bei dieser oder jener Einzelfrage nicht so genau darauf an, was wahr und was falsch ist. Aber was eigentlich die wirkliche Mitte der christlichen Botschaft sei, darüber denken wir viel zu wenig nach.

Man kann natürlich und mit Recht sagen, diese Mitte sei Jesus von Nazaret, der Gekreuzigte und Auferstandene, nach dem wir Christen uns doch nennen. Aber wenn das wahr ist und hilfreich sein soll, dann muss doch gesagt werden, warum und wie dieser Jesus der sei, auf den man allein sich im Leben und Sterben verlassen könne. Was muss man aber auf diese Frage antworten? Wenn diese Antwort nicht das Bekenntnis wäre, dass die eigentliche Selbstmitteilung des unendlichen Gottes über alle kreatürliche Wirklichkeit und endliche Gabe Gottes hinaus das sei, was durch Jesus und ihn allein uns zugesagt, angeboten und garantiert ist, dann könnte die Wirklichkeit Jesu, weil sie ja in sich und in ihrer Botschaft im Endlichen und Kontingenten bliebe, vielleicht *eine*, vielleicht die beste, eben die jesuanische Religion begründen, aber nicht die absolute, allen Menschen im Ernst zudenkbare Religion.

Die eigentliche und einzige Mitte des Christentums und seiner Botschaft ist darum für mich die wirkliche Selbstmitteilung Gottes in seiner eigensten Wirklichkeit und Herrlichkeit an die Kreatur, ist das Bekenntnis zu der unwahrscheinlichsten Wahrheit, dass Gott selbst mit seiner unendlichen Wirklichkeit und Herrlichkeit, Heiligkeit, Freiheit und Liebe wirklich ohne Abstrich bei uns selbst in der Kreatürlichkeit unserer Existenz ankommen kann und alles andere, was das Christentum anbietet oder von uns fordert, demgegenüber nur Vorläufigkeit oder sekundäre Konsequenz ist. Man kann, was ich meine, auch anders ausdrücken. Würde ich das leugnen, würde ich dem widersprechen, was ich eben über die Analogheit aller theologischen Aussagen gesagt habe. Aber für mich wäre aller noch so fromme Jesuanismus, alles Engagement für Gerechtigkeit und Liebe in der Welt, aller Humanismus, der Gott für den Menschen verbrauchen will und den Menschen nicht in den Abgrund Gottes hineinstürzt, Religion eines unbegreiflich bescheidenen Humanismus, der uns einfach von der ungeheuerlichen Gewalt der Liebe Gottes, in der Gott wirklich selber aus sich selber gerät, verboten ist. Wir können nur entweder alles, nämlich Gott selbst in seiner reinen Gottheit wollen, oder wir sind verdammt, das heißt begraben in dem Kerker unserer Endlichkeit.

Man kann in einer katholischen Theologie darüber spekulieren, ob nicht eine »reine Natur« in sich selber unter der fernen Oberhoheit Gottes glücklich und vollendet sein könne. In Wahrheit aber ist die Wirklichkeit so, gerade durch die Unerbittlichkeit der Gnade, dass wir entweder in unserer Endlichkeit ersticken oder dort ankommen, wo Gott als solcher selber ist. Man kann zwar meinen, die nüchterne Feststellung machen zu müssen, dass, vielleicht von ein paar Heiligen abgesehen, dieser Durst des Absoluten, die Unerbittlichkeit des Unbedingten, die Ekstase des endlichen Geistes in

Gott hinein bei den banalen Menschen gar nicht zu finden sei. Aber wenn auch die Theologie bei uns meist nur nachdenkt, wie die kirchlich und sakramental Betreuten vor das Angesicht Gottes selber kommen, müsste sie sehr viel mehr darüber nachdenken, wie man sich einigermaßen die Odyssee aller Menschen, auch der primitivsten vor einer Million Jahren, auch der Nichtchristen und selbst der Atheisten so denken könne, dass sie in Gott selbst mündet.

Man kann natürlich – ich empfinde es ein wenig billig und bequem – sagen, dieses überall bei allen Menschen und zu allen Zeiten mögliche wirklich göttliche Heil geschehe auf Wegen, die Gott allein kenne. Das ist so wahr, dass ich es auch für mich mit aller christlicher Theologie letztlich der unerforschlichen Verfügung Gottes überlassen muss, durch welche Ritzen in dem entsetzlichen Betonbunker des Egoismus er mit seiner befreienden Liebe wirklich einzudringen vermag. Aber in einem Zeitpunkt, an dem das Christentum wirklich real so verfasst sein kann und muss, dass es den Menschen in allen Kulturen und zu allen Zeiten angeboten werden kann, ernsthaft ihre Religion soll werden können, muss eben doch über das »anonyme« Christentum überall und zu allen Zeiten nachgedacht werden, auch wenn mir an dem umstrittenen Wort als solchem nichts liegt. Es mag (wer weiß) eine ungeheuerliche Anmaßung der Kreatur sein, wenn ein Einzelner sich nicht retten lassen will, ohne dass er sähe, wie sein Nächster gerettet werde. Es kann aber auch ein sublimer, letztlich von jedem Christen geforderter Akt seiner Nächstenliebe sein, wenn er eigentlich nur in der Hoffnung für alle für sich selber hofft und darum darüber nachdenkt, wie die Gnade Gottes, die letztlich Gott selber in seiner Selbstmitteilung ist, wirklich über alles Fleisch und nicht nur über ein paar sakramental Gezeichnete ausgegossen ist.

Ich meine, dass es einem christlichen Theologen nicht verboten sei, das Thema der Sündigkeit des Menschen und der Vergebung der Schuld aus reiner Gnade gegenüber dem Thema der radikalen *Selbst*mitteilung Gottes in einem gewissen Sinn etwas sekundärer zu empfinden. Nicht als ob wir nicht in unserem Egoismus immer neu verrannte Sünder seien. Nicht als ob wir nicht der vergebenden Gnade Gottes bedürfen, die von uns ohne jeden Anspruch unsererseits als reine Gnade entgegengenommen werden muss. Nicht als ob es nicht selbstverständlich sei, dass die Selbstmitteilung Gottes faktisch sich immer als vergebende ereigne. Nicht als ob die radikale Erfahrung unserer von uns aus hoffnungslosen Sündigkeit, in der wir zunächst unsere Freiheit konkret erfahren, nicht nach dem Zeugnis der christlichen Erfahrung aller Zeiten immer die konkrete Situation wäre, in der ein Mensch wirklich nach Gott auszulangen beginnt. Aber wenn wir heute sehen, wie schwer die Rechtfertigung als Vergebung der Sünde allein heute bei den Menschen ankommt, wenn überdies für einen katholischen Theologen Gott und seine Zusage seiner selbst an den Menschen (wie immer sie auch genauer verstanden werden mag) schon im voraus zur Sünde reine Gnade ist, reines unerwartetes Wunder Gottes, der sich wegverschwendet und das Abenteuer einer solchen Liebe zu seiner eigenen Geschichte macht, dann, meine ich, darf man ruhig die Selbstmitteilung Gottes an die Kreatur als zentraleres Thema denn Sünde und Sündenvergebung empfinden.

Ich weiß, dass ein solcher Satz höchst problematisch ist, besonders wenn er vor das Tribunal der Schrift gestellt wird. Aber wenn wir ja im Grunde gar nicht anders als in der Dimension der göttlichen Liebe zum Sünder über die Sünde nachdenken können, gibt es mindestens auch die Gefahr der Hybris, die Sünde zu ernst zu nehmen, zu vergessen, dass vielleicht gerade das, was uns an der Fürchterlichkeit der Menschheitsgeschichte am meisten erschreckt, trotz allem mehr Ergebnis der Kreatürlichkeit des Menschen in seiner unschuldigen Dummheit, Schwäche und Triebhaftigkeit ist, als die eigentliche Sünde, die vor dem Gericht Gottes wirklich zu verantworten ist.

Und somit, meine ich doch aus durchaus christlicher Sicht und nicht von einem eingebildeten Humanismus her, es dürfe der Glaube an die Selbstmitteilung Gottes in freier Gnade etwas dem Bekenntnis zur Sündigkeit des Menschen vorgeordnet werden. Es ist nach Ausweis der Geschichte des Glaubensbewusstseins eindeutig, dass in diesem Bewusstsein Geschichte, Veränderungen und Akzentverschiebungen geschehen. Wenn man seit den Zeiten des Historismus das auch ausdrücklich weiß und solche Veränderungen eben nicht nur faktisch tut und erleidet, dann kann man doch wohl heute auch das reflektierte Recht zu solchen Akzentverschiebungen in Anspruch nehmen. Man kann dann der Meinung sein, mit solchen Akzentverschiebungen die christliche Botschaft heute plausibler und wirksamer ausrichten zu können.

Im Zusammenhang unserer *heutigen* Überlegungen jetzt kommt es ja nicht eigentlich darauf an, die christliche Wirklichkeit als solche zu nennen und zu beschreiben, sondern etwas von der Erfahrung zu sagen, die man natürlich sehr subjektiv von dieser Wirklichkeit gemacht hat. Und so sei hier, wenn auch ein wenig ängstlich, eingestanden, dass in meiner Theologie in einer sicher problematischen Weise das Thema der Sünde und der Sündenvergebung gegenüber dem Thema der Selbstmitteilung Gottes ein wenig im Hintergrund steht. Aber wenn man so zugesteht, dass man nicht alle denkbaren Erfahrungen eines christlichen Menschen in seiner eigenen begrenzten Subjektivität gleichmäßig realisieren kann, dann kann man doch den, der einem dies ankreidet, fragen, ob er in seiner doch auch unweigerlich subjektiven Theologie nicht auch Defizite in Kauf nehmen müsse, um das, worauf es ihm ankommt, deutlich genug aussagen zu können.

III.

Ordensexistenz und die Pluralität der Theologie heute

Eine dritte, ebenso willkürlich ausgewählte, Erfahrung sei genannt. Wenn ein Theologe früher als Ordensmann, als Angehöriger einer bestimmten spirituell geformten Familie im Unterschied zu anderen solchen Orden, Theologie trieb, dann war diese Theologie sehr unmittelbar und greifbar geprägt von einer ganz bestimmten Ordenstheologie. Die großen Orden, wie die Benediktiner, die Dominikaner, Franziskaner und Jesuiten hatten je ihre eigene, als solche reflektierte Theologie. Sie pflegten sie, sie unterschieden sie von anderen, sie hatten, von der Kirche approbiert, ihre großen, Kirchenlehrer genannten, Schulhäupter, sie waren stolz auf je ihre eigene Theologie.

Dagegen ist grundsätzlich nichts einzuwenden, vorausgesetzt, dass diese Unterschiede nicht, wie es früher oft vorkam, zu stur und parteiisch geführten Schulstreitigkeiten führen. Heute, meine ich, ist das nicht mehr so wie früher. Von meinem Ordensrecht her müsste ich zum Beispiel ein Anhänger der so genannten »Scientia media«[7] sein und müsste von daher die Gnadenlehre des Thomismus in der

Zeit des Barock verwerfen und bekämpfen. Solche eindeutig geprägten Ordenstheologien gibt es aber wohl heute nicht mehr und kann es nicht mehr geben. Die Fragestellungen, das theologische Material, mit dem man arbeiten muss, das Gewicht einer heutigen biblischen Theologie, die Ergebnisse einer sachlicheren Dogmen- und Theologiegeschichte machen bei vernünftigen Leuten es einfach unmöglich, als Ordensmann einfach der Anhänger einer deutlichen und überlieferten Ordensschultheologie zu sein. Die wirklichen Unterschiede in der Theologie gehen heute quer durch die Orden.

Das bedeutet aber, so selbstverständlich es ist, noch längst nicht, dass die Theologie eines Ordensmannes nicht mit der Eigentümlichkeit des Lebens und der Spiritualität seines Ordens zu tun habe. Ich zum Beispiel hoffe, dass mein großer Ordensvater Ignatius von Loyola mir zubilligt, dass in meiner Theologie so ein kleinwenig von seinem Geist und seiner ihm eigenen Spiritualität merkbar ist. Ich hoffe es wenigstens! Ich bin sogar der etwas unbescheidenen Meinung, dass in diesem oder jenem Punkt ich näher bei Ignatius stehe als die große Jesuitentheologie der Barockzeit, die nicht immer, aber in nicht unwichtigen Punkten einem legitimen Existentialismus des Ignatius (wenn man so sagen kann) nicht genügend gerecht geworden ist. Wenn mir der kommunistische Ignatius Silone[8] zu einem früheren Geburtstag eines seiner Bücher widmete mit dem handschriftlichen Motto: »Unum in una spe: libertas«, dann kann ich vielleicht ja als Jesuit daran denken, dass in dem nüchtern grandiosen Schlussgebet der Exerzitien[9] dort, wo Ignatius sich ganz und restlos Gott anheimgibt, die Freiheit vor dem augustinischen Trinar (Gedächtnis, Verstand, Wille) rangiert. Ich glaube nicht, dass dies nur ein Zufall der Wortwahl und der Rhetorik war, ich glaube aber nicht, dass die traditionelle Jesuitentheologie dies ganz ernst genommen habe, ich weiß auch nicht, ob dies in meiner Theologie wirklich besser geworden ist, aber ich habe es vielleicht doch auch ein wenig versucht.

Jedenfalls fühle ich mich auch als Jesuit nicht einer engen Schultheologie verpflichtet, noch weniger einer bestimmten Schulphilosophie. Aufs Ganze habe ich auch die von Maréchal[10] her interpretierte thomistische Philosophie mehr geschätzt als den Suarezianismus[11], in dem ich zunächst aufgewachsen war. Natürlich kann man einer solchen heutigen Philosophie und Theologie, wie ich sie zu betreiben versuchte, den Vorwurf machen, man sei über einen Eklektizismus nicht hinausgekommen.

Aber wo gibt es in der Welt eine systematische Philosophie und Theologie, die man nicht darum des Eklektizismus verdächtigen könnte, weil sie ja nachweislich Quellen verschiedener Herkunft hat? Und wie könnte man heute Theologie anders treiben als in einer möglichst breiten Konfrontation und möglichst breitem Dialog mit all der heute ungeheuer differenzierten Vielfalt anthropologischer Wissenschaften? Wie kann dann aber eine solche Theologie, die überall zuzuhören versucht und von überall her lernen will, den Vorwurf des Eklektizismus vermeiden?

Natürlich weiß ich, dass in meiner Theologie vielleicht sehr vieles gar nicht eindeutig und klar zusammenpasst, was in ihr gesagt wird, weil ein Mensch bei dem ursprünglichen Pluralismus der Quellen seines Wissens gar nicht in der Lage ist, eine adäquate und allseitige Reflexion auf die Kohärenz seiner Sätze durchzuführen. Ein Theologe kann daher seine Freunde und die Gegner seiner Theologie nur bitten, seiner Theologie mit gnädigem Wohlwollen zu begegnen, Ansätze, Grundtendenzen, Fragestellungen wichtiger zu nehmen als die »Ergebnisse«, die ja schließlich nie wirklich endgültig sein können.

IV.

Die Theologie und die übrigen Wissenschaften

Eine vierte und letzte Erfahrung sei genannt, auch wenn sie vielleicht schon in den bisher genannten Erfahrungen steckt und gewiss nicht für die Theologie als solche die wichtigste ist. Ich meine die Inkongruenz der Theologie mit den übrigen Wissenschaften.

Ich meine damit jetzt keine subtile Frage einer theologischen Erkenntnistheorie oder der allgemeinen Wissenschaftslehre. Ich meine die schlichte Tatsache, dass ich von dem, was in allen Wissenschaften, aber auch in allen anderen Äußerungen der Dichtung, Musik, bildenden Kunst und sogar der Menschheitsgeschichte überhaupt an Erfahrung und Wissen vom Menschen präsent ist, nur einen entsetzlich kleinen Teil wirklich erfahren habe und weiß, obwohl ich als Theologe eigentlich das alles wissen müsste. Wenn ich als Theologe nicht eigentlich mit einem abstrakten Begriff von Gott frage, sondern ihn selber anzielen will, dann dürfte mir schlechterdings nichts von dem uninteressant sein, wodurch er sich als Schöpfer der Welt, als Herr der Geschichte geoffenbart hat. Man kann zwar ganz fromm behaupten, dass alles für mein Heil Wichtige in der Heiligen Schrift stehe und man darüber hinaus nichts zu wissen nötig habe. Aber wenn ich Gott um seiner selbst willen und nicht nur als mein Heil für mich lieben muss, um ihn überhaupt zu finden, dann kann ich mein Interesse gar nicht auf die Schrift allein begrenzen, dann ist alles, wodurch sich Gott in der Welt der Kreaturen vernehmen ließ, für mich interessant, und zwar gerade auch für den Theologen als solchen, der intellektuell in der Theorie die Sprengung eines falschen Heilsegoismus vornehmen soll.

Aber von all dem, was ich darum gerne wissen würde, weiß ich fast nichts, alle menschlichen Erfahrungen in allen Wissenschaften, Künsten und Geschichtsereignissen reden für den Theologen von Gott, und der einzelne Theologe weiß fast nichts von diesen Erfahrungen. Darum ist seine Theologie bei allem existentiellen Engagement, auf das man sich gerne beruft, so abstrakt, so blutleer, so fern von dem, was zeigt, was die Welt und der Mensch sind. Gewiss hat der Theologe letztlich nur eines zu sagen. Aber dieses eine Wort müsste erfüllt sein mit der geheimen Essenz aller Wirklichkeit. Aber jedes Mal, wenn ich irgendein Werk irgendeiner der modernen Wissenschaften aufschlage, gerate ich als Theologe in eine nicht ganz gelinde Panik. Ich weiß das allermeiste von dem, was da geschrieben steht, nicht, und ich bin sogar meistens außerstande, genauer zu verstehen, was da zu lesen ist. Und so fühle ich mich auch als Theologe irgendwie desavouiert. Die blasse Abstraktheit und Leere meiner theologischen Begriffe kommt mir erschreckend zum Bewusstsein.

Ich sage: Die Welt ist von Gott geschaffen. Aber was Welt ist, davon weiß ich fast nichts, und darum bleibt auch der Begriff der Schöpfung seltsam leer. Ich sage als Theologe: Jesus ist auch als Mensch der Herr der gesamten Schöpfung. Und dann lese ich, dass der Kosmos Milliarden von Lichtjahren sich ausdehnt, und frage mich dann erschreckt, was eigentlich der eben gesagte Satz bedeute. Paulus wusste noch, in welcher Sphäre des Kosmos er die Engel ansiedeln wolle.[12] Ich weiß es nicht. Ich frage mich erschreckt, ob denn das ewige Reich Gottes so ungefähr zur Hälfte mindestens mit Seelen erfüllt sei, die nie zu einer personalen Lebensgeschichte gelangt sind, weil nach normaler kirchlicher Lehre die personal-geistige und unsterbliche Seele schon bei der ersten Befruchtung des Eies durch das Sperma gegeben sei und andererseits nicht vorstellbar sei, wie die unzähligen natürlichen

Aborte mit einer auch noch so anfänglichen personalen Freiheitsgeschichte vereinbar seien.[13] Ich frage mich, wie man sich genauer die Urmenschheit vor zwei Millionen Jahren als die ersten Subjekte einer Heils- und Offenbarungsgeschichte denken könne, und weiß keine sehr deutliche Antwort.[14] Ich lasse mich von der profanen Anthropologie belehren, dass die Unterscheidung von Leib und Seele vorsichtiger gemacht und problematisch bleibe, und kann darum die Lehre von »Humani generis«, dass der menschliche Leib aus dem Tierreich stamme, aber die Seele von Gott geschaffen sei, nicht mehr so dualistisch interpretieren, wie sie doch zunächst klingt.[15] Ich frage mich, weil das durchaus eine reale Bedeutung haben könnte, ob ein Papst aufhören könne, Papst zu sein, durch eine Krankheit, die ihn entmündigt.

So könnte ich noch lange weiterfahren mit Problemen, die die modernen Wissenschaften der Theologie aufgeben, ohne dass sie dazu sehr deutliche Antworten schon jetzt gefunden hat. Wie ist es mit der eindeutigen Stabilität der menschlichen Natur, die von der Lehre über die moralischen Naturgesetze vorausgesetzt wird, wenn man das menschliche Wesen mit seiner doch gewordenen und veränderlichen genetischen Erbmasse in die

Evolutionsgeschichte hinein stellt? Erschreckt einen dann nicht manchmal der Klang der kirchlichen Moralverkündigung durch eine Eindeutigkeit und Unveränderlichkeit, die in dem menschlichen Wesen selber gar nicht so leicht zu finden sind?

Der Theologe kann und muss in dieser Situation vorsichtig und bescheiden sein. Er muss natürlich dennoch den Mut haben, seine Botschaft auszurichten und zu seiner Überzeugung zu stehen.

Er kann sich dabei vielleicht ein wenig mit der Beobachtung trösten, dass in den Naturwissenschaftlern selbst auch keine eindeutige Synthese gelingt zwischen dem, was sie als Naturwissenschaftler selber methodisch postulieren für ihre Arbeit, und dem, was sie über ihren naturwissenschaftlichen Monismus hinaus dennoch an sich selber insgeheim als Freiheit, Verantwortung und Frage über alles Einzelne hinaus erfahren. Wenn so der Theologe diese bitteren Erfahrungen seines Nichtwissens macht, dann könnte er, wenn er diese Erfahrung mutig und unbefangen annimmt, für die übrigen Wissenschaftler Beispiel und Antrieb sein, ihre Wissenschaften aus derselben Haltung der Bescheidenheit und Selbstbegrenzung zu betreiben, so dass die Spannungen zwischen den Wissenschaften zwar nicht nur nicht beseitigt, sondern, weil eingestanden, sogar verschärft sind, aber der unvermeidliche Streit der Wissenschaften untereinander und mit der Theologie doch umfasst wäre von jenem Frieden, der unter denen herrschen kann die alle, jeder in seiner Weise, das Geheimnis ahnen und erleiden, das wir Gott nennen.

~

So gäbe es noch sehr viele Erfahrungen zu berichten, und die berichteten sind gewiss nicht die wichtigsten. Ich könnte erzählen von meinen Erfahrungen mit meinen Kollegen auf den Universitäten von Innsbruck, München und Münster. Ich könnte sprechen von meinen Erfahrungen von zweiundsechzig Jahren in meinem Orden als Jesuit. Ich könnte freundliche und weniger erfreuliche Erinnerungen ausgraben an Römische Erlebnisse. Und so fort. Ein Leben ist ja reich, auch wenn es im Alter hinter Nebeln des Vergessens verschwindet.

V.

Die Erwartung des Kommenden

Aber ich will nur noch von einer Erfahrung etwas zu sagen versuchen, von einer Erfahrung, die quer zu allem bisher Berichteten liegt und darum mit diesen nicht mitgezählt werden kann, von der Erfahrung der Erwartung des »Kommenden«.

Wenn wir als Christen das Ewige Leben bekennen, das uns zuteil werden soll, ist diese Erwartung des Kommenden zunächst keine besonders seltsame Sache. Gewöhnlich spricht man ja mit einem gewissen salbungsvollen Pathos über die Hoffnung des Ewigen Lebens, und fern sei mir, so etwas zu tadeln, wenn es ehrlich gemeint ist. Aber mich selber überkommt es seltsam, wenn ich so reden höre. Mir will scheinen, dass die Vorstellungsschemen, mit denen man sich das Ewige Leben zu verdeutlichen sucht, meist wenig zur radikalen Zäsur passen, die doch mit dem Tod gegeben ist. Man denkt sich das Ewige Leben, das man schon seltsam als »jenseitig« und »nach« dem Tod weitergehend bezeichnet, zu sehr ausstaffiert mit Wirklichkeiten, die uns hier vertraut sind, als Weiterleben, als Begegnung mit denen, die uns hier nahe waren, als Freude und

Friede, als Gastmahl und Jubel und all das und ähnliches, als nie aufhörend und weitergehend.

Ich fürchte, die radikale Unbegreiflichkeit dessen, was mit Ewigem Leben wirklich gemeint ist, wird verharmlost, und was wir unmittelbare Gottesschau in diesem Ewigen Leben nennen, wird herabgestuft zu einer erfreulichen Beschäftigung neben anderen, die dieses Leben erfüllen; die unsagbare Ungeheuerlichkeit, dass die absolute Gottheit selber nackt und bloß in unsere enge Kreatürlichkeit hineinstürzt, wird nicht echt wahrgenommen. Ich gestehe, dass es mir eine quälende, nicht bewältigte Aufgabe des Theologen von heute zu sein scheint, ein besseres Vorstellungsmodell für dieses Ewige Leben zu entdecken, das diese genannten Verharmlosungen von vornherein ausschließt. Aber wie?

Wenn die Engel des Todes all den nichtigen Müll, den wir unsere Geschichte nennen, aus den Räumen unseres Geistes hinausgeschafft haben (obwohl natürlich die wahre Essenz der getanen Freiheit bleiben wird), wenn alle Sterne unserer Ideale, mit denen wir selber aus eigener Anmaßung den Himmel unserer Existenz drapiert hatten, verglüht und erloschen sind, wenn der Tod eine ungeheuerlich schweigende Leere errichtet hat und wir diese glaubend und hoffend als unser wahres Wesen schweigend angenommen haben, wenn dann unser bisheriges, noch so langes Leben nur als eine einzige kurze Explosion unserer Freiheit erscheint, die uns wie in Zeitlupe gedehnt vorkam, eine Explosion, in der sich Frage in Antwort, Möglichkeit in Wirklichkeit, Zeit in Ewigkeit, angebotene in getane Freiheit umsetzte, und wenn sich dann in einem ungeheuren Schrecken eines unsagbaren Jubels zeigt, dass diese ungeheure schweigende Leere, die wir als Tod empfinden, in Wahrheit erfüllt ist von dem Urgeheimnis, das wir Gott nennen, von seinem reinen Licht und seiner alles nehmenden und alles schenkenden Liebe, und wenn uns dann auch noch aus diesem weiselosen Geheimnis doch das Antlitz Jesu, des Gebenedeiten erscheint und uns anblickt, und diese Konkretheit die *göttliche Überbietung* all unserer wahren Annahme der Unbegreiflichkeit des weiselosen Gottes ist, dann, dann so ungefähr möchte ich nicht eigentlich beschreiben, was kommt, aber doch stammelnd andeuten, wie einer vorläufig das Kommende erwarten kann, indem er den Untergang des Todes selber schon als Aufgang dessen erfährt, was kommt.

Achtzig Jahre sind eine lange Zeit. Für jeden aber ist die Lebenszeit, die ihm zugemessen ist, der kurze Augenblick, in dem wird, was sein soll.

Anmerkungen des Herausgebers

1 Zum Anlass des Textes vgl. das Nachwort des Herausgebers.

2 Erich PRZYWARA (1889-1972), Jesuit, Redakteur der »Stimmen der Zeit«, Schriftsteller, Philosoph und Theologe. Sein Hauptwerk: *Analogia entis* (1932), jetzt in E. PRZYWARA: *Schriften*. Bd. 3. Einsiedeln 1962.

3 Vgl. die besonders von E. PRZYWARA herausgestellte Aussage des Vierten Laterankonzils: »Denn zwischen dem Schöpfer und dem Geschöpf kann man keine so große Ähnlichkeit feststellen, dass zwischen ihnen keine noch größere Unähnlichkeit festzustellen wäre [quia inter creatorem et creaturam non potest tanta similitudo notari, quin inter eos maior sit dissimilitudo notanda]« (H. DENZINGER / P. HÜNERMANN: *Kompendium der Glaubensbekenntnisse und kirchlichen Lehrentscheidungen*. Freiburg [37]1991, Nr. 806).

4 Dikasterien sind bei der römischen Kurie die Stellen und Zentralbehörden für die allgemeine Kirchenverwaltung.

5 »Von allen Seiten werden wir in die Enge getrieben und finden doch noch Raum; wir wissen weder aus noch ein und verzweifeln dennoch nicht« (2 Korinther 4,8).

6 Zweites Vatikanisches Konzil: *Unitatis redintegratio* (Ökumenismusdekret) Nr. 11: »Beim Vergleich der Lehren sollen sie daran denken, dass es eine Ordnung beziehungsweise ›Hierarchie‹ der Wahrheiten der katholischen Lehre gibt, da ihr Zusammenhang mit dem Fundament des christlichen Glaubens verschieden ist [In comparandis doctrinis meminerint existere ordinem seu ›hierarchiam‹ veritatum

doctrinae catholicae, cum diversus sit earum nexus cum fundamento fidei christianae]« (DENZINGER-HÜNERMANN 4192).

7 Das Wissen Gottes um die freien Eventualhandlungen (Futuribilia) der Geschöpfe.

8 Ignazio SILONE (1900 – 1978), italienischer Schriftsteller.

9 IGNATIUS VON LOYOLA: *Exercitia spiritualia,* Nr. 234: »Nimm hin, Herr, und empfange meine ganze Freiheit, mein Gedächtnis, meinen Verstand und meinen ganzen Willen, meine ganze Habe und meinen Besitz; Du hast es mir gegeben, Dir, Herr, gebe ich es zurück; alles ist Dein, verfüge nach Deinem ganzen Willen; gibt mir Deine Liebe und Gnade, das ist mir genug [Suscipe, Domine, universam meam libertatem, accipe memoriam, intellectum atque voluntatem omnem. Quidquid habeo, vel possideo, mihi largitus es: id tibi totum restituo, ac tuae prorsus voluntati trado ad gubernandum. Amorem tui solum, cum gratia tua mihi dones: et dives sum satis: nec aliud quicquam posco (Versio Vulgata)]«[Übers. A. HAAS]. Zur Rahners Beschäftigung mit dem Text vgl. auch Vladimir RICHTER: Zum Text Sume Domine in den Geistlichen Übungen des heiligen Ignatius von Loyola: htp: //www.uibk.ac.at/c/c2/c202/sume21.pmd.pdf. mit einer Analyse der verschiedenen Textfassungen. Vgl. die verschiedenen neueren deutschen Übersetzungen von Hans Urs von BALTHASAR in: IGNATIUS VON LOYOLA: *Die Exerzitien.* Einsiedeln 1956 (Sigillum. 1), S. 59f.; Alfred FEDER, in: IGNATIUS VON LOYOLA: *Geistliche Übungen* / Emmerich RAITZ VON FRENTZ (Hg.). Freiburg [13]1961, S. 125f.; Adolf HAAS in: IGNATIUS VON LOYOLA: *Geistliche Übungen.* Vorwort von

K. RAHNER. Freiburg 1975, S. 79 [s.o.], Neuausgabe 1999; Peter KNAUER in: IGNATIUS VON LOYOLA: *Geistliche Übungen und erläuternde Texte.* Graz ²1983, S. 100; IGNATIUS VON LOYOLA: *Geistliche Übungen.* Würzburg, 1998, S. 100f.; V. RICHTER, a.a.O.

10 Joseph MARÉCHAL (1878 – 1944), belgischer Jesuit. Zur Abhängigkeit von Karl Rahners Thomasinterpretation von Maréchal vgl. vor allem die Texte in K. RAHNER: *Sämtliche Werke.* Bd. 2: *Geist in Welt. Philosophische Schriften.* Freiburg 1996.

11 Die Philosophie des Jesuiten Francisco SUÁREZ (1548 – 1617) als Bezugsgroße des Jesuitenordens, die auch große Wirkungen auf die deutschen Schulphilosophie wie auch die protestantische Theologie des 17. Jahrhunderts hatte.

12 Vgl. besonders die deuteropaulinischen Stellen Kolosser 1,7; Epheser 1,21.

13 Vgl. dazu die Diskussionen in K. RAHNER: *Sämtliche Werke.* Bd. 15: *Verantwortung der Theologie. Im Dialog mit Naturwissenschaften und Gesellschaftstheorie.* Freiburg 2001, S. 201, 509, 589 und öfter.

14 Die letzte Äußerung K. RAHNERs dazu findet sich in seinem Vortrag: Evolution – Freiheit – Erbsünde; in: Wolfgang BÖHME (Hg.): *Freiheit in der Evolution.* Karlsruhe 1984 (Herrenalber Texte. 57), S. 74–87

15 Vgl. PIUS XII.: *Humani generis* (1950), vgl.hier DENZINGER-HÜNERMANN 3896.

Albert Raffelt

Geschichte eines Textes

NACHWORT DES HERAUSGEBERS

Karl Rahners Rede »Erfahrungen eines katholischen Theologen« wurde bei der Tagung »Vor dem Geheimnis Gottes den Menschen verstehen«zur Feier des achtzigsten Geburtstags des Theologen in seiner Vaterstadt Freiburg im Breisgau am 11./12. Februar 1984 gehalten, genauerhin an letzterem Datum als Abschluss der Tagung. Aufgrund der hohen Teilnehmerzahl fand die Tagung nicht im Gebäude des Veranstalters, der Katholischen Akademie der Erzdiözese Freiburg, statt, sondern im Auditorium Maximum der Freiburger Albert-Ludwigs-Universität. Schon drei Wochen nach dieser Veranstaltung lag der Text in dem Sammelband zur Tagung gedruckt vor[1] und konnte Karl Rahner noch an seinem Geburtstag, dem 5. März 1984, übergeben werden.

In die Sammelpublikationen Rahners wurde die Rede jedoch nicht mehr aufgenommen: Der letzte Band seiner *Schriften zur Theologie* erschien bereits Anfang 1984[2], ebenso die Sammlung *Horizonte der Religiosität*[3] mit kleinen Zeitschriftenbeiträgen. So blieben die Publikation in dem – immerhin in zwei Auflagen erschienenen – Tagungsband der

Freiburger Akademie-Veranstaltung[4] und der Nachdruck in dem Band über die Tagung der Freiburger Katholischen Akademie zum zehnten Todestag Karl Rahners[5] bislang die einzigen Quellen für den Text.

Übersetzungen sind bald ins Französische[6], später auch ins Englische[7], Spanische[8] und jüngst ins Italienische[9] erschienen.

Die Rede wurde bei der Freiburger Tagung vom Südwestfunk (heute SWR) aufgenommen und später im Mainzer Matthias-Grünewald-Verlag als Tondokument veröffentlicht[10].

Eine Schülergruppe des Kollegs Sankt Blasien im Schwarzwald, das vom Jesuitenorden geführt wird, nahm die Rede gleichzeitig mit einer Videokamera auf. Eine Kopie des Video-Bandes wurde mit freundlicher Genehmigung des Kollegs Sankt Blasien und der Karl-Rahner-Stiftung, München, in der Universitätsbibliothek Freiburg verwahrt, im Jahre 2000 digitalisiert und in dieser Form auf den Rahner-Seiten der Bibliothek im Internet zur Verfügung gestellt[11].

Durch das Vorhandensein in verschiedenen Medienformen bedingt, wurde dieser Text bei den verschiedenen Tagungen und Veranstaltungen zum hundertsten Geburtstag Karl Rahners im Frühjahr

2004 immer wieder in Ton und Bild vorgeführt. Die beeindruckende Diktion und die existentielle Ernsthaftigkeit des Rahnerschen Vortrags haben dabei wieder bei vielen Hörern die Frage nach der Druckfassung aufkommen lassen, die seit einigen Jahren vergriffen war. So lag es nahe, im Jahr des hundertsten Geburtstags Karl Rahners auch diesen Text wiederzuveröffentlichen.

Die Wiedergabe des Textes ist durch Zwischenüberschriften (des Herausgebers) gegliedert. Der innerhalb der einzelnen »Erfahrungen« nicht weiter unterteilte Text ist in einzelne Absätze aufgeteilt. Einzelne Anspielungen Rahners sind durch kurze Erläuterungen in editorischen Anmerkungen erklärt. Die Rechtschreibung wurde der neueren Orthografie angepasst. Ansonsten folgt der Text dem Original.

Es wäre schade, wenn aus dem Zusammenhang dieser Rede Karl Rahners ein kleines Nachspiel völlig unerwähnt bliebe. Karl Rahner hat am Schluss der Tagung noch eine Bitte angehängt, in der er auf einen Brief reagierte, den ein – ihm unbekannter – Missionar an den großen Theologen geschickt hatte und in dem er ihn um eine konkrete Hilfe bat. Es ist bezeichnend für Rahner, dass er die Konkretisierung des Christseins im konkreten Alltag immer für zentraler gehalten hat als noch so subtile – und ihrerseits zweifellos wichtige – Spekulationen. So ist dieser Text ein Zeugnis für den Menschen Karl Rahner und seine unelitäre, hilfsbereite und nüchterne Art. Karl Rahner soll damit an dieser Stelle das letzte Wort haben:

»Ich habe vor ein paar Tagen einen Brief eines afrikanischen Priesters aus dem Urwald Tansanias bekommen. Dem armen Kerl, den ich nicht kenne, über den ich mich aber noch erkundigen werde, ist das Motorrad völlig kaputt gegangen, und er braucht wirklich ein neues, weil er sonst stundenlang laufen muss, bis er bei seinen einzelnen Außenstationen, wie er schreibt, angelangt ist. Wenn ich einen solchen Brief bekomme, was soll ich denn machen? Kann ich sagen: Dafür gibt es die katholischen Missionen und deren Geldbeutel, frage dort nach, die werden dir schon etwas geben? Ich hoffe zwar, dass dieser Brief keine Nachfolger mehr findet, aber er ist nun einmal an mich geschrieben und ich meine: Wenn einer dort am Ertrinken ist, wo man selbst ist, kann man sich eben nicht davon dispensieren, ihn selber herauszuziehen. Und deswegen bitte ich Sie, wenn Sie hinausgehen und irgendeine Mark oder so etwas haben, etwas in ein Körbchen zu tun, damit ich dem Herrn Parahani in der katholischen Pfarrei in Sumbawanga in Tansania in Ostafrika irgendwie ein bisschen helfen kann. Wenn Sie das tun, machen Sie mir eine große Freude, denn ich hab natürlich doch den Eindruck, dass alle theologischen, gescheiten, tiefsinnigen, großartigen, ergreifenden, zu Tränen rührenden Reden immer noch nicht so wichtig sind, als wenn man, wie, glaube ich, Meister Eckhart gesagt hat, einem Armen ein Süpplein gibt. Deswegen also darf ich auf die kleinen Körbe beim Ausgang aufmerksam machen, und ich danke Ihnen jetzt schon herzlich auch im Namen dieses afrikanischen Pfarrers für Ihren Beitrag. Wenn er mit dem Schwung seines Herzens auf dem Motorrad in seine Außenstationen fährt, dann wird er sicher Ihrer dankbar gedenken.«[12]

Anmerkungen

1 *Vor dem Geheimnis Gottes den Menschen verstehen: Karl Rahner zum 80. Geburtstag* / Karl LEHMANN (Hg.). München 1984.

2 Bd. 16. Zürich 1984.

3 Hg. von Georg SPORSCHILL. Wien 1984.

4 *Vor dem Geheimnis Gottes den Menschen verstehen*, S. 105–119. Ein Ausschnitt erschien auch in *Orientierung* 48 (1984), S. 74–75

5 *Karl Rahner in Erinnerung* / Albert RAFFELT (Hg.). Düsseldorf: Patmos 1994 (Freiburger Akademieschriften 8), S. 134–148. Neben den beiden genannten Buchveröffentlichungen sind allerdings noch zwei damalige Zeitschriftenveröffentlichungen zu nennen: in der Herder-Korrespondenz 38 (1984), S. 224–230, und im Theologischen Jahrbuch (Leipzig) (1985), S. 11–20.

6 K. RAHNER: *Expériences d'un théologien catholique* / Traduit et présenté par Raymond MENGUS. Paris: Cariscript 1985.

7 Experiences of a Catholic theologian; in: *Theological studies* 61 (2000), S. 3–15.

8 Experiencias de un teólogo católico / Carlos SCHICKENDANTZ (Übers.); in: *Karl Rahner: Homenaje* / Virginia R. AZCUY ; Alejandro MINGO ; Jorge A. SCAMPINI ; Carlos SCHICKENDANTZ. Buenos Aires: Centro de Estudios Salesiano de Buenos Aires, 2002 = *Proyecto* 14 (2002), Nr. 42, S. 7–20.

Vgl. jetzt zusätzlich die Übersetzung des vorliegenden Bandes: *Sobre la inefabilidad de Dios* / Constantino RUIZ-GARRIDO (Übers.). Barcelona: Herder, 2005.

9 Esperienze di un teologo cattolico; in: Albert RAFFELT; Hansjürgen VERWEYEN: *Leggere Karl Rahner*. Brescia: Queriniana 2004 (Giornale di teologia 301), S. 159–180.

10 K. RAHNER: Erfahrungen eines katholischen Theologen. Unveränderte Fassung einer Aufnahme des SWF. Mainz: Matthias-Grünewald-Verlag 1991. – Kompaktkassette (Grünewald-Sprechkassetten). Jetzt auch enthalten in: K. RAHNER: *Berührt vom unendlichen Geheimnis: Die Vorträge »Erfahrungen eines katholischen Theologen«, »Warum ich Christ bin« und »Das Konzil – ein neuer Beginn«*. Mainz: Matthias Grünewald-Verlag 2004. 3 CDs.

11 http://www.ub.uni-freiburg.de/referate/04/rahner/rahnerma.htm – direkt unter .../rahner/rahnerton.htm.

12 K. RAHNER: Nachwort; in: *Vor dem Geheimnis Gottes den Menschen verstehen,* S. 136f.

4. Auflage 2006

www.herder.de

Druck und Bindung:
fgb · freiburger graphische betriebe
www.fgb.de

Gedruckt auf umweltfreundlichem,
chlor- und säurefrei gebleichtem Papier
Printed in Germany

ISBN-13: 978-3-451-28536-3
ISBN-10: 3-451-28536-3

Der Text dieses Buches als Tondokument

Karl Rahner

Berührt vom unendlichen Geheimnis

Die Vorträge »Erfahrungen eines katholischen Theologen«, »Warum ich Christ bin« und »Das Konzil – ein neuer Beginn«

Gesprochen vom Autor. Je ca. 65 Minuten Laufzeit. 3 Audio-CDs.

ISBN 3-7867-2480-6

Die drei Vorträge sind einzeln auch als MC lieferbar.

Matthias-Grünewald-Verlag Mainz 2004

Karl Rahners große Rede »Erfahrungen eines katholischen Theologen«, jetzt veröffentlicht in »Von der Unbegreiflichkeit Gottes« (Verlag Herder Freiburg im Breisgau 2004), und zwei weitere Vorträge als authentisches Tondokument, gesprochen vom Autor selbst. Karl Rahner zeigt sich in diesen Originalaufnahmen als Meister des gesprochenen Wortes und nimmt Hörerinnen und Hörer hinein in sein unerhört aufrichtiges Denken.

Matthias-Grünewald-Verlag